DidLists

My Daily Manifestation Journal

ERIK QUISLING

Cover Design & Layout by Erik Quisling

Copyright © 2024 by Upaya House Publishing
All Rights Reserved

Library of Congress Cataloging-in-publication Data

Except for appropriate use in critical reviews or works of scholarship, the reproduction or use of this work in any form or by an electronic, mechanical, or other means now known or hereafter invented, including photocopying and recording, and in any information storage and retrieval system is forbidden without the written permission of the publisher.

07 06 05 04 03   5 4 3 2 1
First Edition

Quisling, Erik
    DidLists: My Daily Manifestation Journal.   Paperback /Erik Quisling;

Edited by Erik Quisling
    p. cm.

ISBN-13: 978-1-936965-89-2

Library of Congress

1. Self Help 2. Motivation 3. Inspiration 4. New Age 5. Journal 6. Quisling, Erik

Upaya House Publishing
Nashville, TN
UpayaHouse.com / ErikQuisling.com

Printed in USA

DidLists

It's time to write your world
into existence.

Welcome to DidLists!

You are about to embark on the year long journey of your lifetime. The amazing thing about this journey is you get to write it.

This book starts by first writing the ending. By thinking about and jotting down all the amazing things you were able to accomplish after a focused, organized year of steady effort.

Then, at the start of each day and each week moving forward you put things on your list that you did to keep moving forward to those end of the year accomplishments.

My bet is you achieve way more than you ever dreamed in a much faster time than you ever could have imagined.

So, with that said, let's get started!

DidLists Rules

The ONLY rule of DidLists is there are no rules.
This is your book and you can write it anyway you like. However, I will make some basic recommendations.

First, the more you put into your DidLists the more you will get out. The aim of all of this is to help you stay focused and organized towards your goals in the midst of an increasingly chaotic world.

What I've realized in more than a half century of living is that time truly does fly. In any given day or week there is an incredibly small window where you have any kind of chance of being productive towards your dreams. The vast bulk of your time is spent on endless distractions pulling you in a million directions.

DidLists allow you to consistently take baby steps towards your goals. The great thing is that every few baby steps add up to a big step and eventually these big steps turn into giant steps. That's when the fun and the magic happen.

So, the instructions are simple.

1. At the **start** of each Week, write a LIST of what you DID that week. (Note that weekly DidLists are marked with a Star.)

2. At the **start** of each Day, write a LIST of what you DID that Day.

3. As you complete an item on your list, check off the item so you can see it's complete.

Important Note: Don't beat yourself up too bad if you didn't complete every item on your list. It often happens to me. Just make sure that item makes it on the next day's list. And just so you know, no item is too small to be put on a DidList. The important thing is to get in the habit of making these lists.

To help you out further, I am including a **sample DidList**...

My SAMPLE Daily DidList   1/8/2024

Today I Did the following:

Note: These are in no particular order even though they're numbered.

1. ~~Meditated~~
2. ~~Ate healthy~~
3. ~~Exercised at least 30 minutes~~
4. ~~Made calls to 5 new stores~~
5. ~~Started work on my new book~~
6. ~~Called back Jim from IMG~~
7. ~~Added FB Pixel to website~~
8. ~~Finished all pages of new website~~
9. ~~Picked up kids at school~~
10. ~~Bought flowers for my wife~~
11. ~~Got birthday gift for Dad~~
12. ~~Called Mom and Dad~~

My Annual DidList

Close your eyes and visualize all of the goals you have accomplished in your year of focused effort. Think about your career, your fitness, your relationships, your personal growth. See and feel every detail as much as you can. Really feel the emotions of what it is like to have those goals.

Today's Date + 1 Year: _____ / _____ / _____

In the past year I accomplished the following: (Feel free to number each accomplishment.)

_____

_____

_____

_____

_____

_____

_____

_____

_____

"Life isn't about finding yourself. Life is about creating yourself." - George Bernard Shaw

Week 1 DidList   Today's Date: _____ / _____ / _____

This *week* I did the following:

1. _____
2. _____
3. _____
4. _____
5. _____
6. _____
7. _____
8. _____
9. _____
10. _____

My Daily DidList   Today's Date: _____ / _____ / _____

Today I Did the following:

1. _____
2. _____
3. _____
4. _____
5. _____
6. _____
7. _____

My Daily DidList   Today's Date: _____ / _____ / _____

Today I Did the following:

1. _____
2. _____
3. _____
4. _____
5. _____
6. _____
7. _____

My Daily DidList   Today's Date: _____ / _____ / _____

Today I Did the following:

1. _____

2. _____

3. _____

4. _____

5. _____

6. _____

7. _____

My Daily DidList   Today's Date: _____ / _____ / _____

Today I Did the following:

1. _____

2. _____

3. _____

4. _____

5. _____

6. _____

7. _____

My Daily DidList   Today's Date: ____ / ____ / ____

Today I Did the following:

1. _____

2. _____

3. _____

4. _____

5. _____

6. _____

7. _____

My Daily DidList   Today's Date: ____ / ____ / ____

Today I Did the following:

1. _____

2. _____

3. _____

4. _____

5. _____

6. _____

7. _____

My Daily DidList   Today's Date: ____ / ____ / ____

Today I Did the following:

1. _____

2. _____

3. _____

4. _____

5. _____

6. _____

7. _____

"The most important thing in life is to stop saying 'I wish' and start saying 'I will'. Consider nothing impossible then treat possibilities as probabilities."
- Charles Dickens

Week 2 DidList   Today's Date: _____ / _____ / _____

This *week* I did the following:

1. _____
2. _____
3. _____
4. _____
5. _____
6. _____
7. _____
8. _____
9. _____
10. _____

My Daily DidList   Today's Date: _____ / _____ / _____

Today I Did the following:

1. _____

2. _____

3. _____

4. _____

5. _____

6. _____

7. _____

My Daily DidList   Today's Date: _____ / _____ / _____

Today I Did the following:

1. _____

2. _____

3. _____

4. _____

5. _____

6. _____

7. _____

My Daily DidList   Today's Date: ____ / ____ / ____

Today I Did the following:

1. _____

2. _____

3. _____

4. _____

5. _____

6. _____

7. _____

My Daily DidList   Today's Date: ____ / ____ / ____

Today I Did the following:

1. _____

2. _____

3. _____

4. _____

5. _____

6. _____

7. _____

My Daily DidList   Today's Date: ____ / ____ / ____

Today I Did the following:

1. _____

2. _____

3. _____

4. _____

5. _____

6. _____

7. _____

My Daily DidList   Today's Date: ____ / ____ / ____

Today I Did the following:

1. _____

2. _____

3. _____

4. _____

5. _____

6. _____

7. _____

My Daily DidList   Today's Date: ____ / ____ / ____

Today I Did the following:

1. _____

2. _____

3. _____

4. _____

5. _____

6. _____

7. _____

"Once you make a decision, the Universe conspires to make it happen."

- Ralph Waldo Emerson

Week 3 DidList   Today's Date: ____ / ____ / ____

This *week* I did the following:

1. _____
2. _____
3. _____
4. _____
5. _____
6. _____
7. _____
8. _____
9. _____
10. _____

My Daily DidList   Today's Date: ____ / ____ / ____

Today I Did the following:

1. _____
2. _____
3. _____
4. _____
5. _____
6. _____
7. _____

My Daily DidList   Today's Date: ____ / ____ / ____

Today I Did the following:

1. _____
2. _____
3. _____
4. _____
5. _____
6. _____
7. _____

My Daily DidList   Today's Date: _____ / _____ / _____

Today I Did the following:

1. _____

2. _____

3. _____

4. _____

5. _____

6. _____

7. _____

My Daily DidList   Today's Date: _____ / _____ / _____

Today I Did the following:

1. _____

2. _____

3. _____

4. _____

5. _____

6. _____

7. _____

My Daily DidList   Today's Date: _____ / _____ / _____

Today I Did the following:

1. _____

2. _____

3. _____

4. _____

5. _____

6. _____

7. _____

My Daily DidList   Today's Date: _____ / _____ / _____

Today I Did the following:

1. _____

2. _____

3. _____

4. _____

5. _____

6. _____

7. _____

My Daily DidList   Today's Date: ____ / ____ / ____

Today I Did the following:

1. _____

2. _____

3. _____

4. _____

5. _____

6. _____

7. _____

"When your heart is in your dream,
No request is too extreme."
- Jiminy Cricket

Week 4 DidList   Today's Date: _____ / _____ / _____

This *week* I did the following:

1. _____
2. _____
3. _____
4. _____
5. _____
6. _____
7. _____
8. _____
9. _____
10. _____

My Daily DidList   Today's Date: _____ / _____ / _____

Today I Did the following:

1. _____

2. _____

3. _____

4. _____

5. _____

6. _____

7. _____

My Daily DidList   Today's Date: _____ / _____ / _____

Today I Did the following:

1. _____

2. _____

3. _____

4. _____

5. _____

6. _____

7. _____

My Daily DidList   Today's Date: _____ / _____ / _____

Today I Did the following:

1. _____

2. _____

3. _____

4. _____

5. _____

6. _____

7. _____

My Daily DidList   Today's Date: _____ / _____ / _____

Today I Did the following:

1. _____

2. _____

3. _____

4. _____

5. _____

6. _____

7. _____

My Daily DidList   Today's Date: _____ / _____ / _____

Today I Did the following:

1. _____

2. _____

3. _____

4. _____

5. _____

6. _____

7. _____

My Daily DidList   Today's Date: _____ / _____ / _____

Today I Did the following:

1. _____

2. _____

3. _____

4. _____

5. _____

6. _____

7. _____

My Daily DidList   Today's Date: ____ / ____ / ____

Today I Did the following:

1. _____

2. _____

3. _____

4. _____

5. _____

6. _____

7. _____

"Act without doing, work without effort."
- From *The Tao Te Ching*

Week 5 DidList   Today's Date: _____ / _____ / _____

This *week* I did the following:

1. _____
2. _____
3. _____
4. _____
5. _____
6. _____
7. _____
8. _____
9. _____
10. _____

My Daily DidList   Today's Date: ____ / ____ / ____

Today I Did the following:

1. _____

2. _____

3. _____

4. _____

5. _____

6. _____

7. _____

My Daily DidList   Today's Date: ____ / ____ / ____

Today I Did the following:

1. _____

2. _____

3. _____

4. _____

5. _____

6. _____

7. _____

My Daily DidList   Today's Date: _____ / _____ / _____

Today I Did the following:

1. _____

2. _____

3. _____

4. _____

5. _____

6. _____

7. _____

My Daily DidList   Today's Date: _____ / _____ / _____

Today I Did the following:

1. _____

2. _____

3. _____

4. _____

5. _____

6. _____

7. _____

My Daily DidList   Today's Date: ____ / ____ / ____

Today I Did the following:

1. _____
2. _____
3. _____
4. _____
5. _____
6. _____
7. _____

My Daily DidList   Today's Date: ____ / ____ / ____

Today I Did the following:

1. _____
2. _____
3. _____
4. _____
5. _____
6. _____
7. _____

My Daily DidList   Today's Date: _____ / _____ / _____

Today I Did the following:

1. _____

2. _____

3. _____

4. _____

5. _____

6. _____

7. _____

"Worrying is like praying for what you don't want."
- Anonymous

Week 6 DidList   Today's Date: ____ / ____ / ____

This *week* I did the following:

1. _____
2. _____
3. _____
4. _____
5. _____
6. _____
7. _____
8. _____
9. _____
10. _____

My Daily DidList   Today's Date: ____ / ____ / ____

Today I Did the following:

1. _____

2. _____

3. _____

4. _____

5. _____

6. _____

7. _____

My Daily DidList   Today's Date: ____ / ____ / ____

Today I Did the following:

1. _____

2. _____

3. _____

4. _____

5. _____

6. _____

7. _____

My Daily DidList   Today's Date: ____ / ____ / ____

Today I Did the following:

1. _____

2. _____

3. _____

4. _____

5. _____

6. _____

7. _____

My Daily DidList   Today's Date: ____ / ____ / ____

Today I Did the following:

1. _____

2. _____

3. _____

4. _____

5. _____

6. _____

7. _____

My Daily DidList   Today's Date: _____ / _____ / _____

Today I Did the following:

1. _____

2. _____

3. _____

4. _____

5. _____

6. _____

7. _____

My Daily DidList   Today's Date: _____ / _____ / _____

Today I Did the following:

1. _____

2. _____

3. _____

4. _____

5. _____

6. _____

7. _____

My Daily DidList   Today's Date: ____ / ____ / ____

Today I Did the following:

1. _____

2. _____

3. _____

4. _____

5. _____

6. _____

7. _____

"We don't describe the world we see – we see the world we describe."
- René Descartes

Week 7 DidList   Today's Date: _____ / _____ / _____

This *week* I did the following:

1. _____

2. _____

3. _____

4. _____

5. _____

6. _____

7. _____

8. _____

9. _____

10. _____

My Daily DidList   Today's Date: _____ / _____ / _____

Today I Did the following:

1. _____

2. _____

3. _____

4. _____

5. _____

6. _____

7. _____

My Daily DidList   Today's Date: _____ / _____ / _____

Today I Did the following:

1. _____

2. _____

3. _____

4. _____

5. _____

6. _____

7. _____

My Daily DidList   Today's Date: _____ / _____ / _____

Today I Did the following:

1. _____

2. _____

3. _____

4. _____

5. _____

6. _____

7. _____

My Daily DidList   Today's Date: _____ / _____ / _____

Today I Did the following:

1. _____

2. _____

3. _____

4. _____

5. _____

6. _____

7. _____

My Daily DidList   Today's Date: _____ / _____ / _____

Today I Did the following:

1. _____
2. _____
3. _____
4. _____
5. _____
6. _____
7. _____

My Daily DidList   Today's Date: _____ / _____ / _____

Today I Did the following:

1. _____
2. _____
3. _____
4. _____
5. _____
6. _____
7. _____

My Daily DidList   Today's Date: ____ / ____ / ____

Today I Did the following:

1. _____

2. _____

3. _____

4. _____

5. _____

6. _____

7. _____

"There is nothing either good or bad, but thinking makes it so."
- William Shakespeare (Hamlet)

Week 8 DidList   Today's Date: _____ / _____ / _____

This *week* I did the following:

1. _____
2. _____
3. _____
4. _____
5. _____
6. _____
7. _____
8. _____
9. _____
10. _____

My Daily DidList   Today's Date: _____ / _____ / _____

Today I Did the following:

1. _____

2. _____

3. _____

4. _____

5. _____

6. _____

7. _____

My Daily DidList   Today's Date: _____ / _____ / _____

Today I Did the following:

1. _____

2. _____

3. _____

4. _____

5. _____

6. _____

7. _____

My Daily DidList   Today's Date: ____ / ____ / ____

Today I Did the following:

1. _____
2. _____
3. _____
4. _____
5. _____
6. _____
7. _____

My Daily DidList   Today's Date: ____ / ____ / ____

Today I Did the following:

1. _____
2. _____
3. _____
4. _____
5. _____
6. _____
7. _____

My Daily DidList   Today's Date: _____ / _____ / _____

Today I Did the following:

1. _____

2. _____

3. _____

4. _____

5. _____

6. _____

7. _____

My Daily DidList   Today's Date: _____ / _____ / _____

Today I Did the following:

1. _____

2. _____

3. _____

4. _____

5. _____

6. _____

7. _____

My Daily DidList   Today's Date: _____ / _____ / _____

Today I Did the following:

1. _____

2. _____

3. _____

4. _____

5. _____

6. _____

7. _____

"As far as I can tell, it's just about letting the Universe know what you want and then working toward it while letting go of how it comes to pass."
– Jim Carrey

Week 9 DidList   Today's Date: ____ / ____ / ____

This *week* I did the following:

1. _____
2. _____
3. _____
4. _____
5. _____
6. _____
7. _____
8. _____
9. _____
10. _____

My Daily DidList   Today's Date: ____ / ____ / ____

Today I Did the following:

1. _____
2. _____
3. _____
4. _____
5. _____
6. _____
7. _____

My Daily DidList   Today's Date: ____ / ____ / ____

Today I Did the following:

1. _____
2. _____
3. _____
4. _____
5. _____
6. _____
7. _____

My Daily DidList   Today's Date: _____ / _____ / _____

Today I Did the following:

1. _____

2. _____

3. _____

4. _____

5. _____

6. _____

7. _____

My Daily DidList   Today's Date: _____ / _____ / _____

Today I Did the following:

1. _____

2. _____

3. _____

4. _____

5. _____

6. _____

7. _____

My Daily DidList   Today's Date: _____ / _____ / _____

Today I Did the following:

1. _____

2. _____

3. _____

4. _____

5. _____

6. _____

7. _____

My Daily DidList   Today's Date: _____ / _____ / _____

Today I Did the following:

1. _____

2. _____

3. _____

4. _____

5. _____

6. _____

7. _____

My Daily DidList   Today's Date: _____ / _____ / _____

Today I Did the following:

1. _____

2. _____

3. _____

4. _____

5. _____

6. _____

7. _____

"Be bold and mighty forces will come to your aid."
- Johann Wolfgang Von Goethe

Week 10 DidList   Today's Date: _____ / _____ / _____

This *week* I did the following:

1. _____
2. _____
3. _____
4. _____
5. _____
6. _____
7. _____
8. _____
9. _____
10. _____

My Daily DidList   Today's Date: _____ / _____ / _____

Today I Did the following:

1. _____
2. _____
3. _____
4. _____
5. _____
6. _____
7. _____

My Daily DidList   Today's Date: _____ / _____ / _____

Today I Did the following:

1. _____
2. _____
3. _____
4. _____
5. _____
6. _____
7. _____

My Daily DidList   Today's Date: _____ / _____ / _____

Today I Did the following:

1. _____

2. _____

3. _____

4. _____

5. _____

6. _____

7. _____

My Daily DidList   Today's Date: _____ / _____ / _____

Today I Did the following:

1. _____

2. _____

3. _____

4. _____

5. _____

6. _____

7. _____

My Daily DidList   Today's Date: _____ / _____ / _____

Today I Did the following:

1. _____

2. _____

3. _____

4. _____

5. _____

6. _____

7. _____

My Daily DidList   Today's Date: _____ / _____ / _____

Today I Did the following:

1. _____

2. _____

3. _____

4. _____

5. _____

6. _____

7. _____

My Daily DidList   Today's Date: _____ / _____ / _____

Today I Did the following:

1. _____

2. _____

3. _____

4. _____

5. _____

6. _____

7. _____

"You can't start a fire without a spark."
- Bruce Springsteen

Week 11 DidList   Today's Date: _____ / _____ / _____

This *week* I did the following:

1. _____
2. _____
3. _____
4. _____
5. _____
6. _____
7. _____
8. _____
9. _____
10. _____

My Daily DidList   Today's Date: _____ / _____ / _____

Today I Did the following:

1. _____

2. _____

3. _____

4. _____

5. _____

6. _____

7. _____

My Daily DidList   Today's Date: _____ / _____ / _____

Today I Did the following:

1. _____

2. _____

3. _____

4. _____

5. _____

6. _____

7. _____

My Daily DidList   Today's Date: _____ / _____ / _____

Today I Did the following:

1. _____

2. _____

3. _____

4. _____

5. _____

6. _____

7. _____

My Daily DidList   Today's Date: _____ / _____ / _____

Today I Did the following:

1. _____

2. _____

3. _____

4. _____

5. _____

6. _____

7. _____

My Daily DidList   Today's Date: _____ / _____ / _____

Today I Did the following:

1. _____
2. _____
3. _____
4. _____
5. _____
6. _____
7. _____

My Daily DidList   Today's Date: _____ / _____ / _____

Today I Did the following:

1. _____
2. _____
3. _____
4. _____
5. _____
6. _____
7. _____

My Daily DidList   Today's Date: ____ / ____ / ____

Today I Did the following:

1. _____

2. _____

3. _____

4. _____

5. _____

6. _____

7. _____

"All our dreams can come true if we have the courage to pursue them."
- Walt Disney

Week 12 DidList Today's Date: _____ / _____ / _____

This *week* I did the following:

1. _____
2. _____
3. _____
4. _____
5. _____
6. _____
7. _____
8. _____
9. _____
10. _____

My Daily DidList   Today's Date: _____ / _____ / _____

Today I Did the following:

1. _____

2. _____

3. _____

4. _____

5. _____

6. _____

7. _____

My Daily DidList   Today's Date: _____ / _____ / _____

Today I Did the following:

1. _____

2. _____

3. _____

4. _____

5. _____

6. _____

7. _____

My Daily DidList   Today's Date: ____ / ____ / ____

Today I Did the following:

1. _____
2. _____
3. _____
4. _____
5. _____
6. _____
7. _____

My Daily DidList   Today's Date: ____ / ____ / ____

Today I Did the following:

1. _____
2. _____
3. _____
4. _____
5. _____
6. _____
7. _____

My Daily DidList   Today's Date: _____ / _____ / _____

Today I Did the following:

1. _____

2. _____

3. _____

4. _____

5. _____

6. _____

7. _____

My Daily DidList   Today's Date: _____ / _____ / _____

Today I Did the following:

1. _____

2. _____

3. _____

4. _____

5. _____

6. _____

7. _____

My Daily DidList   Today's Date: _____ / _____ / _____

Today I Did the following:

1. _____

2. _____

3. _____

4. _____

5. _____

6. _____

7. _____

"Move out of your comfort zone. You can only grow if you are willing to feel awkward and uncomfortable when you try something new."
- Brian Tracy

Week 13 DidList   Today's Date: ____ / ____ / ____

This *week* I did the following:

1. _____
2. _____
3. _____
4. _____
5. _____
6. _____
7. _____
8. _____
9. _____
10. _____

My Daily DidList Today's Date: ____ / ____ / ____

Today I Did the following:

1. _____

2. _____

3. _____

4. _____

5. _____

6. _____

7. _____

My Daily DidList Today's Date: ____ / ____ / ____

Today I Did the following:

1. _____

2. _____

3. _____

4. _____

5. _____

6. _____

7. _____

My Daily DidList   Today's Date: _____ / _____ / _____

Today I Did the following:

1. _____

2. _____

3. _____

4. _____

5. _____

6. _____

7. _____

My Daily DidList   Today's Date: _____ / _____ / _____

Today I Did the following:

1. _____

2. _____

3. _____

4. _____

5. _____

6. _____

7. _____

My Daily DidList   Today's Date: _____ / _____ / _____

Today I Did the following:

1. _____

2. _____

3. _____

4. _____

5. _____

6. _____

7. _____

My Daily DidList   Today's Date: _____ / _____ / _____

Today I Did the following:

1. _____

2. _____

3. _____

4. _____

5. _____

6. _____

7. _____

My Daily DidList   Today's Date: _____ / _____ / _____

Today I Did the following:

1. _____

2. _____

3. _____

4. _____

5. _____

6. _____

7. _____

"Everything you've ever wanted is on the other side of fear." - George Addair

Week 14 DidList   Today's Date: ____ / ____ / ____

This *week* I did the following:

1. _____
2. _____
3. _____
4. _____
5. _____
6. _____
7. _____
8. _____
9. _____
10. _____

My Daily DidList   Today's Date: _____ / _____ / _____

Today I Did the following:

1. _____

2. _____

3. _____

4. _____

5. _____

6. _____

7. _____

My Daily DidList   Today's Date: _____ / _____ / _____

Today I Did the following:

1. _____

2. _____

3. _____

4. _____

5. _____

6. _____

7. _____

My Daily DidList   Today's Date: _____ / _____ / _____

Today I Did the following:

1. _____

2. _____

3. _____

4. _____

5. _____

6. _____

7. _____

My Daily DidList   Today's Date: _____ / _____ / _____

Today I Did the following:

1. _____

2. _____

3. _____

4. _____

5. _____

6. _____

7. _____

My Daily DidList   Today's Date: _____ / _____ / _____

Today I Did the following:

1. _____

2. _____

3. _____

4. _____

5. _____

6. _____

7. _____

My Daily DidList   Today's Date: _____ / _____ / _____

Today I Did the following:

1. _____

2. _____

3. _____

4. _____

5. _____

6. _____

7. _____

My Daily DidList   Today's Date: ____ / ____ / ____

Today I Did the following:

1. _____

2. _____

3. _____

4. _____

5. _____

6. _____

7. _____

"Perfection is not attainable, but if we chase perfection we can catch excellence."
- Vince Lombardi

Week 15 DidList   Today's Date: _____ / _____ / _____

This *week* I did the following:

1. _____
2. _____
3. _____
4. _____
5. _____
6. _____
7. _____
8. _____
9. _____
10. _____

My Daily DidList   Today's Date: _____ / _____ / _____

Today I Did the following:

1. _____

2. _____

3. _____

4. _____

5. _____

6. _____

7. _____

My Daily DidList   Today's Date: _____ / _____ / _____

Today I Did the following:

1. _____

2. _____

3. _____

4. _____

5. _____

6. _____

7. _____

My Daily DidList   Today's Date: _____ / _____ / _____

Today I Did the following:

1. _____

2. _____

3. _____

4. _____

5. _____

6. _____

7. _____

My Daily DidList   Today's Date: _____ / _____ / _____

Today I Did the following:

1. _____

2. _____

3. _____

4. _____

5. _____

6. _____

7. _____

My Daily DidList   Today's Date: _____ / _____ / _____

Today I Did the following:

1. _____

2. _____

3. _____

4. _____

5. _____

6. _____

7. _____

My Daily DidList   Today's Date: _____ / _____ / _____

Today I Did the following:

1. _____

2. _____

3. _____

4. _____

5. _____

6. _____

7. _____

My Daily DidList   Today's Date: ____ / ____ / ____

Today I Did the following:

1. _____

2. _____

3. _____

4. _____

5. _____

6. _____

7. _____

"It is often the small steps, not the giant leaps, that bring about the most lasting change."
— Queen Elizabeth II

Week 16 DidList   Today's Date: ____ / ____ / ____

This *week* I did the following:

1. _____
2. _____
3. _____
4. _____
5. _____
6. _____
7. _____
8. _____
9. _____
10. _____

My Daily DidList   Today's Date: ____ / ____ / ____

Today I Did the following:

1. _____

2. _____

3. _____

4. _____

5. _____

6. _____

7. _____

My Daily DidList   Today's Date: ____ / ____ / ____

Today I Did the following:

1. _____

2. _____

3. _____

4. _____

5. _____

6. _____

7. _____

My Daily DidList   Today's Date: _____ / _____ / _____

Today I Did the following:

1. _____
2. _____
3. _____
4. _____
5. _____
6. _____
7. _____

My Daily DidList   Today's Date: _____ / _____ / _____

Today I Did the following:

1. _____
2. _____
3. _____
4. _____
5. _____
6. _____
7. _____

My Daily DidList   Today's Date: ____ / ____ / ____

Today I Did the following:

1. _____

2. _____

3. _____

4. _____

5. _____

6. _____

7. _____

My Daily DidList   Today's Date: ____ / ____ / ____

Today I Did the following:

1. _____

2. _____

3. _____

4. _____

5. _____

6. _____

7. _____

My Daily DidList   Today's Date: _____ / _____ / _____

Today I Did the following:

1. _____

2. _____

3. _____

4. _____

5. _____

6. _____

7. _____

"Inspiration comes from within yourself. One has to be positive. When you're positive, good things happen." – Deep Roy

Week 17 DidList   Today's Date: ____ / ____ / ____

This *week* I did the following:

1. _____
2. _____
3. _____
4. _____
5. _____
6. _____
7. _____
8. _____
9. _____
10. _____

My Daily DidList   Today's Date: _____ / _____ / _____

Today I Did the following:

1. _____

2. _____

3. _____

4. _____

5. _____

6. _____

7. _____

My Daily DidList   Today's Date: _____ / _____ / _____

Today I Did the following:

1. _____

2. _____

3. _____

4. _____

5. _____

6. _____

7. _____

My Daily DidList   Today's Date: ____ / ____ / ____

Today I Did the following:

1. _____

2. _____

3. _____

4. _____

5. _____

6. _____

7. _____

My Daily DidList   Today's Date: ____ / ____ / ____

Today I Did the following:

1. _____

2. _____

3. _____

4. _____

5. _____

6. _____

7. _____

My Daily DidList   Today's Date: ____ / ____ / ____

Today I Did the following:

1. _____
2. _____
3. _____
4. _____
5. _____
6. _____
7. _____

My Daily DidList   Today's Date: ____ / ____ / ____

Today I Did the following:

1. _____
2. _____
3. _____
4. _____
5. _____
6. _____
7. _____

My Daily DidList   Today's Date: _____ / _____ / _____

Today I Did the following:

1. _____

2. _____

3. _____

4. _____

5. _____

6. _____

7. _____

"For every reason it's not possible, there are hundreds of people who have faced the same circumstances and succeeded."
– Jack Canfield

Week 18 DidList   Today's Date: _____ / _____ / _____

This *week* I did the following:

1. _____
2. _____
3. _____
4. _____
5. _____
6. _____
7. _____
8. _____
9. _____
10. _____

My Daily DidList   Today's Date: _____ / _____ / _____

Today I Did the following:

1. _____
2. _____
3. _____
4. _____
5. _____
6. _____
7. _____

My Daily DidList   Today's Date: _____ / _____ / _____

Today I Did the following:

1. _____
2. _____
3. _____
4. _____
5. _____
6. _____
7. _____

My Daily DidList   Today's Date: ____ / ____ / ____

Today I Did the following:

1. _____
2. _____
3. _____
4. _____
5. _____
6. _____
7. _____

My Daily DidList   Today's Date: ____ / ____ / ____

Today I Did the following:

1. _____
2. _____
3. _____
4. _____
5. _____
6. _____
7. _____

My Daily DidList   Today's Date: _____ / _____ / _____

Today I Did the following:

1. _____

2. _____

3. _____

4. _____

5. _____

6. _____

7. _____

My Daily DidList   Today's Date: _____ / _____ / _____

Today I Did the following:

1. _____

2. _____

3. _____

4. _____

5. _____

6. _____

7. _____

My Daily DidList   Today's Date: _____ / _____ / _____

Today I Did the following:

1. _____

2. _____

3. _____

4. _____

5. _____

6. _____

7. _____

"It is our attitude at the beginning of a difficult task which, more than anything else, will affect its successful outcome."
– William James

Week 19 DidList   Today's Date: _____ / _____ / _____

This *week* I did the following:

1. _____

2. _____

3. _____

4. _____

5. _____

6. _____

7. _____

8. _____

9. _____

10. _____

My Daily DidList Today's Date: _____ / _____ / _____

Today I Did the following:

1. _____
2. _____
3. _____
4. _____
5. _____
6. _____
7. _____

My Daily DidList Today's Date: _____ / _____ / _____

Today I Did the following:

1. _____
2. _____
3. _____
4. _____
5. _____
6. _____
7. _____

My Daily DidList   Today's Date: _____ / _____ / _____

Today I Did the following:

1. _____

2. _____

3. _____

4. _____

5. _____

6. _____

7. _____

My Daily DidList   Today's Date: _____ / _____ / _____

Today I Did the following:

1. _____

2. _____

3. _____

4. _____

5. _____

6. _____

7. _____

My Daily DidList   Today's Date: _____ / _____ / _____

Today I Did the following:

1. _____

2. _____

3. _____

4. _____

5. _____

6. _____

7. _____

My Daily DidList   Today's Date: _____ / _____ / _____

Today I Did the following:

1. _____

2. _____

3. _____

4. _____

5. _____

6. _____

7. _____

My Daily DidList   Today's Date: ____ / ____ / ____

Today I Did the following:

1. _____

2. _____

3. _____

4. _____

5. _____

6. _____

7. _____

"I learned this, at least, by my experiment: that if one advances confidently in the direction of his dreams, and endeavors to live the life which he has imagined, he will meet with a success unexpected in common hours." - Henry David Thoreau

Week 20 DidList   Today's Date: _____ / _____ / _____

This *week* I did the following:

1. _____
2. _____
3. _____
4. _____
5. _____
6. _____
7. _____
8. _____
9. _____
10. _____

My Daily DidList   Today's Date: _____ / _____ / _____

Today I Did the following:

1. _____

2. _____

3. _____

4. _____

5. _____

6. _____

7. _____

My Daily DidList   Today's Date: _____ / _____ / _____

Today I Did the following:

1. _____

2. _____

3. _____

4. _____

5. _____

6. _____

7. _____

My Daily DidList   Today's Date: _____ / _____ / _____

Today I Did the following:

1. _____

2. _____

3. _____

4. _____

5. _____

6. _____

7. _____

My Daily DidList   Today's Date: _____ / _____ / _____

Today I Did the following:

1. _____

2. _____

3. _____

4. _____

5. _____

6. _____

7. _____

My Daily DidList   Today's Date: _____ / _____ / _____

Today I Did the following:

1. _____

2. _____

3. _____

4. _____

5. _____

6. _____

7. _____

My Daily DidList   Today's Date: _____ / _____ / _____

Today I Did the following:

1. _____

2. _____

3. _____

4. _____

5. _____

6. _____

7. _____

My Daily DidList   Today's Date: _____ / _____ / _____

Today I Did the following:

1. _____

2. _____

3. _____

4. _____

5. _____

6. _____

7. _____

"You define your own life. Don't let other people write your script."
- Oprah Winfrey

Week 21 DidList   Today's Date: _____ / _____ / _____

This *week* I did the following:

1. _____
2. _____
3. _____
4. _____
5. _____
6. _____
7. _____
8. _____
9. _____
10. _____

My Daily DidList   Today's Date: _____ / _____ / _____

Today I Did the following:

1. _____

2. _____

3. _____

4. _____

5. _____

6. _____

7. _____

My Daily DidList   Today's Date: _____ / _____ / _____

Today I Did the following:

1. _____

2. _____

3. _____

4. _____

5. _____

6. _____

7. _____

My Daily DidList   Today's Date: ____ / ____ / ____

Today I Did the following:

1. _____

2. _____

3. _____

4. _____

5. _____

6. _____

7. _____

My Daily DidList   Today's Date: ____ / ____ / ____

Today I Did the following:

1. _____

2. _____

3. _____

4. _____

5. _____

6. _____

7. _____

My Daily DidList   Today's Date: ____ / ____ / ____

Today I Did the following:

1. _____
2. _____
3. _____
4. _____
5. _____
6. _____
7. _____

My Daily DidList   Today's Date: ____ / ____ / ____

Today I Did the following:

1. _____
2. _____
3. _____
4. _____
5. _____
6. _____
7. _____

My Daily DidList   Today's Date: ____ / ____ / ____

Today I Did the following:

1. _____

2. _____

3. _____

4. _____

5. _____

6. _____

7. _____

"Our greatest glory is not in never failing, but in rising up every time we fail."
– Ralph Waldo Emerson

Week 22 DidList   Today's Date: ____ / ____ / ____

This *week* I did the following:

1. _____
2. _____
3. _____
4. _____
5. _____
6. _____
7. _____
8. _____
9. _____
10. _____

My Daily DidList   Today's Date: ____ / ____ / ____

Today I Did the following:

1. _____

2. _____

3. _____

4. _____

5. _____

6. _____

7. _____

My Daily DidList   Today's Date: ____ / ____ / ____

Today I Did the following:

1. _____

2. _____

3. _____

4. _____

5. _____

6. _____

7. _____

My Daily DidList   Today's Date: _____ / _____ / _____

Today I Did the following:

1. _____
2. _____
3. _____
4. _____
5. _____
6. _____
7. _____

My Daily DidList   Today's Date: _____ / _____ / _____

Today I Did the following:

1. _____
2. _____
3. _____
4. _____
5. _____
6. _____
7. _____

My Daily DidList   Today's Date: ____ / ____ / ____

Today I Did the following:

1. _____

2. _____

3. _____

4. _____

5. _____

6. _____

7. _____

My Daily DidList   Today's Date: ____ / ____ / ____

Today I Did the following:

1. _____

2. _____

3. _____

4. _____

5. _____

6. _____

7. _____

My Daily DidList   Today's Date: _____ / _____ / _____

Today I Did the following:

1. _____

2. _____

3. _____

4. _____

5. _____

6. _____

7. _____

"Life is like riding a bicycle. To keep your balance, you must keep moving."
— Albert Einstein

Week 23 DidList   Today's Date: _____ / _____ / _____

This *week* I did the following:

1. _____
2. _____
3. _____
4. _____
5. _____
6. _____
7. _____
8. _____
9. _____
10. _____

My Daily DidList   Today's Date: ____ / ____ / ____

Today I Did the following:

1. _____

2. _____

3. _____

4. _____

5. _____

6. _____

7. _____

My Daily DidList   Today's Date: ____ / ____ / ____

Today I Did the following:

1. _____

2. _____

3. _____

4. _____

5. _____

6. _____

7. _____

My Daily DidList   Today's Date: _____ / _____ / _____

Today I Did the following:

1. _____

2. _____

3. _____

4. _____

5. _____

6. _____

7. _____

My Daily DidList   Today's Date: _____ / _____ / _____

Today I Did the following:

1. _____

2. _____

3. _____

4. _____

5. _____

6. _____

7. _____

My Daily DidList Today's Date: _____ / _____ / _____

Today I Did the following:

1. _____

2. _____

3. _____

4. _____

5. _____

6. _____

7. _____

My Daily DidList Today's Date: _____ / _____ / _____

Today I Did the following:

1. _____

2. _____

3. _____

4. _____

5. _____

6. _____

7. _____

My Daily DidList   Today's Date: ____ / ____ / ____

Today I Did the following:

1. _____

2. _____

3. _____

4. _____

5. _____

6. _____

7. _____

"When a person really desires something, all the universe conspires to help that person to realize his dream."
– Paulo Coelho

Week 24 DidList   Today's Date: _____ / _____ / _____

This *week* I did the following:

1. _____
2. _____
3. _____
4. _____
5. _____
6. _____
7. _____
8. _____
9. _____
10. _____

My Daily DidList   Today's Date: _____ / _____ / _____

Today I Did the following:

1. _____

2. _____

3. _____

4. _____

5. _____

6. _____

7. _____

My Daily DidList   Today's Date: _____ / _____ / _____

Today I Did the following:

1. _____

2. _____

3. _____

4. _____

5. _____

6. _____

7. _____

My Daily DidList   Today's Date: _____ / _____ / _____

Today I Did the following:

1. _____

2. _____

3. _____

4. _____

5. _____

6. _____

7. _____

My Daily DidList   Today's Date: _____ / _____ / _____

Today I Did the following:

1. _____

2. _____

3. _____

4. _____

5. _____

6. _____

7. _____

My Daily DidList Today's Date: _____ / _____ / _____

Today I Did the following:

1. _____

2. _____

3. _____

4. _____

5. _____

6. _____

7. _____

My Daily DidList Today's Date: _____ / _____ / _____

Today I Did the following:

1. _____

2. _____

3. _____

4. _____

5. _____

6. _____

7. _____

My Daily DidList   Today's Date: _____ / _____ / _____

Today I Did the following:

1. _____

2. _____

3. _____

4. _____

5. _____

6. _____

7. _____

"While one person hesitates because he feels inferior, the other is busy making mistakes and becoming superior."
- Henry Link

Week 25 DidList   Today's Date: ____ / ____ / ____

This *week* I did the following:

1. _____
2. _____
3. _____
4. _____
5. _____
6. _____
7. _____
8. _____
9. _____
10. _____

My Daily DidList   Today's Date: _____ / _____ / _____

Today I Did the following:

1. _____

2. _____

3. _____

4. _____

5. _____

6. _____

7. _____

My Daily DidList   Today's Date: _____ / _____ / _____

Today I Did the following:

1. _____

2. _____

3. _____

4. _____

5. _____

6. _____

7. _____

My Daily DidList   Today's Date: _____ / _____ / _____

Today I Did the following:

1. _____

2. _____

3. _____

4. _____

5. _____

6. _____

7. _____

My Daily DidList   Today's Date: _____ / _____ / _____

Today I Did the following:

1. _____

2. _____

3. _____

4. _____

5. _____

6. _____

7. _____

My Daily DidList   Today's Date: ____ / ____ / ____

Today I Did the following:

1. _____
2. _____
3. _____
4. _____
5. _____
6. _____
7. _____

My Daily DidList   Today's Date: ____ / ____ / ____

Today I Did the following:

1. _____
2. _____
3. _____
4. _____
5. _____
6. _____
7. _____

My Daily DidList   Today's Date: _____ / _____ / _____

Today I Did the following:

1. _____

2. _____

3. _____

4. _____

5. _____

6. _____

7. _____

"We all die. The goal isn't to live forever, the goal is to create something that will."
- Chuck Palahniuk

Week 26 DidList Today's Date: ____ / ____ / ____

This *week* I did the following:

1. _____
2. _____
3. _____
4. _____
5. _____
6. _____
7. _____
8. _____
9. _____
10. _____

My Daily DidList   Today's Date: _____ / _____ / _____

Today I Did the following:

1. _____

2. _____

3. _____

4. _____

5. _____

6. _____

7. _____

My Daily DidList   Today's Date: _____ / _____ / _____

Today I Did the following:

1. _____

2. _____

3. _____

4. _____

5. _____

6. _____

7. _____

My Daily DidList   Today's Date: _____ / _____ / _____

Today I Did the following:

1. _____

2. _____

3. _____

4. _____

5. _____

6. _____

7. _____

My Daily DidList   Today's Date: _____ / _____ / _____

Today I Did the following:

1. _____

2. _____

3. _____

4. _____

5. _____

6. _____

7. _____

My Daily DidList   Today's Date: _____ / _____ / _____

Today I Did the following:

1. _____

2. _____

3. _____

4. _____

5. _____

6. _____

7. _____

My Daily DidList   Today's Date: _____ / _____ / _____

Today I Did the following:

1. _____

2. _____

3. _____

4. _____

5. _____

6. _____

7. _____

My Daily DidList   Today's Date: ____ / ____ / ____

Today I Did the following:

1. _____

2. _____

3. _____

4. _____

5. _____

6. _____

7. _____

"You've got to get up every morning with determination if you're going to go to bed with satisfaction."
— George Lorimer

Week 27 DidList   Today's Date: _____ / _____ / _____

This *week* I did the following:

1. _____
2. _____
3. _____
4. _____
5. _____
6. _____
7. _____
8. _____
9. _____
10. _____

My Daily DidList   Today's Date: _____ / _____ / _____

Today I Did the following:

1. _____

2. _____

3. _____

4. _____

5. _____

6. _____

7. _____

My Daily DidList   Today's Date: _____ / _____ / _____

Today I Did the following:

1. _____

2. _____

3. _____

4. _____

5. _____

6. _____

7. _____

My Daily DidList   Today's Date: _____ / _____ / _____

Today I Did the following:

1. _____

2. _____

3. _____

4. _____

5. _____

6. _____

7. _____

My Daily DidList   Today's Date: _____ / _____ / _____

Today I Did the following:

1. _____

2. _____

3. _____

4. _____

5. _____

6. _____

7. _____

My Daily DidList   Today's Date: _____ / _____ / _____

Today I Did the following:

1. _____
2. _____
3. _____
4. _____
5. _____
6. _____
7. _____

My Daily DidList   Today's Date: _____ / _____ / _____

Today I Did the following:

1. _____
2. _____
3. _____
4. _____
5. _____
6. _____
7. _____

My Daily DidList   Today's Date: _____ / _____ / _____

Today I Did the following:

1. _____

2. _____

3. _____

4. _____

5. _____

6. _____

7. _____

"You don't have to be great to start, but you have to start to be great."
– Zig Ziglar

Week 28 DidList   Today's Date: ____ / ____ / ____

This *week* I did the following:

1. _____
2. _____
3. _____
4. _____
5. _____
6. _____
7. _____
8. _____
9. _____
10. _____

My Daily DidList   Today's Date: _____ / _____ / _____

Today I Did the following:

1. _____

2. _____

3. _____

4. _____

5. _____

6. _____

7. _____

My Daily DidList   Today's Date: _____ / _____ / _____

Today I Did the following:

1. _____

2. _____

3. _____

4. _____

5. _____

6. _____

7. _____

My Daily DidList   Today's Date: _____ / _____ / _____

Today I Did the following:

1. _____

2. _____

3. _____

4. _____

5. _____

6. _____

7. _____

My Daily DidList   Today's Date: _____ / _____ / _____

Today I Did the following:

1. _____

2. _____

3. _____

4. _____

5. _____

6. _____

7. _____

My Daily DidList   Today's Date: ____ / ____ / ____

Today I Did the following:

1. _____

2. _____

3. _____

4. _____

5. _____

6. _____

7. _____

My Daily DidList   Today's Date: ____ / ____ / ____

Today I Did the following:

1. _____

2. _____

3. _____

4. _____

5. _____

6. _____

7. _____

My Daily DidList   Today's Date: _____ / _____ / _____

Today I Did the following:

1. _____

2. _____

3. _____

4. _____

5. _____

6. _____

7. _____

"You are never too old to set another goal or to dream a new dream."
– C.S. Lewis

Week 29 DidList   Today's Date: _____ / _____ / _____

This *week* I did the following:

1. _____
2. _____
3. _____
4. _____
5. _____
6. _____
7. _____
8. _____
9. _____
10. _____

My Daily DidList   Today's Date: ____ / ____ / ____

Today I Did the following:

1. _____

2. _____

3. _____

4. _____

5. _____

6. _____

7. _____

My Daily DidList   Today's Date: ____ / ____ / ____

Today I Did the following:

1. _____

2. _____

3. _____

4. _____

5. _____

6. _____

7. _____

My Daily DidList   Today's Date: _____ / _____ / _____

Today I Did the following:

1. _____

2. _____

3. _____

4. _____

5. _____

6. _____

7. _____

My Daily DidList   Today's Date: _____ / _____ / _____

Today I Did the following:

1. _____

2. _____

3. _____

4. _____

5. _____

6. _____

7. _____

My Daily DidList   Today's Date: _____ / _____ / _____

Today I Did the following:

1. _____

2. _____

3. _____

4. _____

5. _____

6. _____

7. _____

My Daily DidList   Today's Date: _____ / _____ / _____

Today I Did the following:

1. _____

2. _____

3. _____

4. _____

5. _____

6. _____

7. _____

My Daily DidList   Today's Date: _____ / _____ / _____

Today I Did the following:

1. _____

2. _____

3. _____

4. _____

5. _____

6. _____

7. _____

"You have brains in your head. You have feet in your shoes. You can steer yourself in any direction you choose. You're on your own, and you know what you know. And you are the guy who'll decide where to go."
- Dr. Seuss

Week 30 DidList   Today's Date: _____ / _____ / _____

This *week* I did the following:

1. _____
2. _____
3. _____
4. _____
5. _____
6. _____
7. _____
8. _____
9. _____
10. _____

My Daily DidList   Today's Date: _____ / _____ / _____

Today I Did the following:

1. _____

2. _____

3. _____

4. _____

5. _____

6. _____

7. _____

My Daily DidList   Today's Date: _____ / _____ / _____

Today I Did the following:

1. _____

2. _____

3. _____

4. _____

5. _____

6. _____

7. _____

My Daily DidList   Today's Date: _____ / _____ / _____

Today I Did the following:

1. _____
2. _____
3. _____
4. _____
5. _____
6. _____
7. _____

My Daily DidList   Today's Date: _____ / _____ / _____

Today I Did the following:

1. _____
2. _____
3. _____
4. _____
5. _____
6. _____
7. _____

My Daily DidList   Today's Date: _____ / _____ / _____

Today I Did the following:

1. _____

2. _____

3. _____

4. _____

5. _____

6. _____

7. _____

My Daily DidList   Today's Date: _____ / _____ / _____

Today I Did the following:

1. _____

2. _____

3. _____

4. _____

5. _____

6. _____

7. _____

My Daily DidList   Today's Date: _____ / _____ / _____

Today I Did the following:

1. _____

2. _____

3. _____

4. _____

5. _____

6. _____

7. _____

"It ain't about how hard you hit. It's about how hard you can get hit and keep moving forward."
— Sylvester Stallone (Rocky Balboa)

Week 31 DidList   Today's Date: _____ / _____ / _____

This *week* I did the following:

1. _____
2. _____
3. _____
4. _____
5. _____
6. _____
7. _____
8. _____
9. _____
10. _____

My Daily DidList   Today's Date: ____ / ____ / ____

Today I Did the following:

1. _____

2. _____

3. _____

4. _____

5. _____

6. _____

7. _____

My Daily DidList   Today's Date: ____ / ____ / ____

Today I Did the following:

1. _____

2. _____

3. _____

4. _____

5. _____

6. _____

7. _____

My Daily DidList   Today's Date: _____ / _____ / _____

Today I Did the following:

1. _____

2. _____

3. _____

4. _____

5. _____

6. _____

7. _____

My Daily DidList   Today's Date: _____ / _____ / _____

Today I Did the following:

1. _____

2. _____

3. _____

4. _____

5. _____

6. _____

7. _____

My Daily DidList   Today's Date: ____ / ____ / ____

Today I Did the following:

1. _____

2. _____

3. _____

4. _____

5. _____

6. _____

7. _____

My Daily DidList   Today's Date: ____ / ____ / ____

Today I Did the following:

1. _____

2. _____

3. _____

4. _____

5. _____

6. _____

7. _____

My Daily DidList   Today's Date: _____ / _____ / _____

Today I Did the following:

1. _____

2. _____

3. _____

4. _____

5. _____

6. _____

7. _____

"I think goals should never be easy, they should force you to work, even if they are uncomfortable at the time."
– Michael Phelps

Week 32 DidList   Today's Date: _____ / _____ / _____

This *week* I did the following:

1. _____
2. _____
3. _____
4. _____
5. _____
6. _____
7. _____
8. _____
9. _____
10. _____

My Daily DidList   Today's Date: ____ / ____ / ____

Today I Did the following:

1. _____
2. _____
3. _____
4. _____
5. _____
6. _____
7. _____

My Daily DidList   Today's Date: ____ / ____ / ____

Today I Did the following:

1. _____
2. _____
3. _____
4. _____
5. _____
6. _____
7. _____

My Daily DidList   Today's Date: ____ / ____ / ____

Today I Did the following:

1. _____

2. _____

3. _____

4. _____

5. _____

6. _____

7. _____

My Daily DidList   Today's Date: ____ / ____ / ____

Today I Did the following:

1. _____

2. _____

3. _____

4. _____

5. _____

6. _____

7. _____

My Daily DidList   Today's Date: ____ / ____ / ____

Today I Did the following:

1. _____

2. _____

3. _____

4. _____

5. _____

6. _____

7. _____

My Daily DidList   Today's Date: ____ / ____ / ____

Today I Did the following:

1. _____

2. _____

3. _____

4. _____

5. _____

6. _____

7. _____

My Daily DidList   Today's Date: ____ / ____ / ____

Today I Did the following:

1. _____

2. _____

3. _____

4. _____

5. _____

6. _____

7. _____

"It's easy to stand in the crowd but it takes courage to stand alone."
- Mahatma Gandhi

Week 33 DidList   Today's Date: ____ / ____ / ____

This *week* I did the following:

1. _____
2. _____
3. _____
4. _____
5. _____
6. _____
7. _____
8. _____
9. _____
10. _____

My Daily DidList   Today's Date: _____ / _____ / _____

Today I Did the following:

1. _____
2. _____
3. _____
4. _____
5. _____
6. _____
7. _____

My Daily DidList   Today's Date: _____ / _____ / _____

Today I Did the following:

1. _____
2. _____
3. _____
4. _____
5. _____
6. _____
7. _____

My Daily DidList   Today's Date: ____ / ____ / ____

Today I Did the following:

1. _____

2. _____

3. _____

4. _____

5. _____

6. _____

7. _____

My Daily DidList   Today's Date: ____ / ____ / ____

Today I Did the following:

1. _____

2. _____

3. _____

4. _____

5. _____

6. _____

7. _____

My Daily DidList   Today's Date: _____ / _____ / _____

Today I Did the following:

1. _____

2. _____

3. _____

4. _____

5. _____

6. _____

7. _____

My Daily DidList   Today's Date: _____ / _____ / _____

Today I Did the following:

1. _____

2. _____

3. _____

4. _____

5. _____

6. _____

7. _____

My Daily DidList   Today's Date: ____ / ____ / ____

Today I Did the following:

1. _____

2. _____

3. _____

4. _____

5. _____

6. _____

7. _____

"It takes courage to examine your life and to decide that there are things you would like to change, and it takes even more courage to do something about it." – Sue Hadfield

Week 34 DidList   Today's Date: _____ / _____ / _____

This *week* I did the following:

1. _____
2. _____
3. _____
4. _____
5. _____
6. _____
7. _____
8. _____
9. _____
10. _____

My Daily DidList   Today's Date: ____ / ____ / ____

Today I Did the following:

1. _____

2. _____

3. _____

4. _____

5. _____

6. _____

7. _____

My Daily DidList   Today's Date: ____ / ____ / ____

Today I Did the following:

1. _____

2. _____

3. _____

4. _____

5. _____

6. _____

7. _____

My Daily DidList   Today's Date: _____ / _____ / _____

Today I Did the following:

1. _____

2. _____

3. _____

4. _____

5. _____

6. _____

7. _____

My Daily DidList   Today's Date: _____ / _____ / _____

Today I Did the following:

1. _____

2. _____

3. _____

4. _____

5. _____

6. _____

7. _____

My Daily DidList   Today's Date: _____ / _____ / _____

Today I Did the following:

1. _____

2. _____

3. _____

4. _____

5. _____

6. _____

7. _____

My Daily DidList   Today's Date: _____ / _____ / _____

Today I Did the following:

1. _____

2. _____

3. _____

4. _____

5. _____

6. _____

7. _____

My Daily DidList   Today's Date: _____ / _____ / _____

Today I Did the following:

1. _____

2. _____

3. _____

4. _____

5. _____

6. _____

7. _____

"Failure will never overtake me if my determination to succeed is strong enough."
– Og Mandino

Week 35 DidList   Today's Date: _____ / _____ / _____

This *week* I did the following:

1. _____
2. _____
3. _____
4. _____
5. _____
6. _____
7. _____
8. _____
9. _____
10. _____

My Daily DidList   Today's Date: _____ / _____ / _____

Today I Did the following:

1. _____

2. _____

3. _____

4. _____

5. _____

6. _____

7. _____

My Daily DidList   Today's Date: _____ / _____ / _____

Today I Did the following:

1. _____

2. _____

3. _____

4. _____

5. _____

6. _____

7. _____

My Daily DidList   Today's Date: _____ / _____ / _____

Today I Did the following:

1. _____

2. _____

3. _____

4. _____

5. _____

6. _____

7. _____

My Daily DidList   Today's Date: _____ / _____ / _____

Today I Did the following:

1. _____

2. _____

3. _____

4. _____

5. _____

6. _____

7. _____

My Daily DidList Today's Date: ____ / ____ / ____

Today I Did the following:

1. _____

2. _____

3. _____

4. _____

5. _____

6. _____

7. _____

My Daily DidList Today's Date: ____ / ____ / ____

Today I Did the following:

1. _____

2. _____

3. _____

4. _____

5. _____

6. _____

7. _____

My Daily DidList   Today's Date: _____ / _____ / _____

Today I Did the following:

1. _____

2. _____

3. _____

4. _____

5. _____

6. _____

7. _____

"Things work out best for those who make the best of how things work out."
– John Wooden

Week 36 DidList   Today's Date: ____ / ____ / ____

This *week* I did the following:

1. _____
2. _____
3. _____
4. _____
5. _____
6. _____
7. _____
8. _____
9. _____
10. _____

My Daily DidList   Today's Date: _____ / _____ / _____

Today I Did the following:

1. _____

2. _____

3. _____

4. _____

5. _____

6. _____

7. _____

My Daily DidList   Today's Date: _____ / _____ / _____

Today I Did the following:

1. _____

2. _____

3. _____

4. _____

5. _____

6. _____

7. _____

My Daily DidList   Today's Date: _____ / _____ / _____

Today I Did the following:

1. _____
2. _____
3. _____
4. _____
5. _____
6. _____
7. _____

My Daily DidList   Today's Date: _____ / _____ / _____

Today I Did the following:

1. _____
2. _____
3. _____
4. _____
5. _____
6. _____
7. _____

My Daily DidList   Today's Date: _____ / _____ / _____

Today I Did the following:

1. _____

2. _____

3. _____

4. _____

5. _____

6. _____

7. _____

My Daily DidList   Today's Date: _____ / _____ / _____

Today I Did the following:

1. _____

2. _____

3. _____

4. _____

5. _____

6. _____

7. _____

My Daily DidList   Today's Date: ____ / ____ / ____

Today I Did the following:

1. _____

2. _____

3. _____

4. _____

5. _____

6. _____

7. _____

"Don't count the days. Make the days count."
— Muhammad Ali

Week 37 DidList   Today's Date: ____ / ____ / ____

This *week* I did the following:

1. _____
2. _____
3. _____
4. _____
5. _____
6. _____
7. _____
8. _____
9. _____
10. _____

My Daily DidList   Today's Date: _____ / _____ / _____

Today I Did the following:

1. _____

2. _____

3. _____

4. _____

5. _____

6. _____

7. _____

My Daily DidList   Today's Date: _____ / _____ / _____

Today I Did the following:

1. _____

2. _____

3. _____

4. _____

5. _____

6. _____

7. _____

My Daily DidList   Today's Date: ____ / ____ / ____

Today I Did the following:

1. _____

2. _____

3. _____

4. _____

5. _____

6. _____

7. _____

My Daily DidList   Today's Date: ____ / ____ / ____

Today I Did the following:

1. _____

2. _____

3. _____

4. _____

5. _____

6. _____

7. _____

My Daily DidList   Today's Date: _____ / _____ / _____

Today I Did the following:

1. _____

2. _____

3. _____

4. _____

5. _____

6. _____

7. _____

My Daily DidList   Today's Date: _____ / _____ / _____

Today I Did the following:

1. _____

2. _____

3. _____

4. _____

5. _____

6. _____

7. _____

My Daily DidList   Today's Date: _____ / _____ / _____

Today I Did the following:

1. _____

2. _____

3. _____

4. _____

5. _____

6. _____

7. _____

"The only limits you have are the limits you believe."
- Wayne Dyer

Week 38 DidList   Today's Date: ____ / ____ / ____

This *week* I did the following:

1. _____
2. _____
3. _____
4. _____
5. _____
6. _____
7. _____
8. _____
9. _____
10. _____

My Daily DidList   Today's Date: _____ / _____ / _____

Today I Did the following:

1. _____

2. _____

3. _____

4. _____

5. _____

6. _____

7. _____

My Daily DidList   Today's Date: _____ / _____ / _____

Today I Did the following:

1. _____

2. _____

3. _____

4. _____

5. _____

6. _____

7. _____

My Daily DidList   Today's Date: _____ / _____ / _____

Today I Did the following:

1. _____

2. _____

3. _____

4. _____

5. _____

6. _____

7. _____

My Daily DidList   Today's Date: _____ / _____ / _____

Today I Did the following:

1. _____

2. _____

3. _____

4. _____

5. _____

6. _____

7. _____

My Daily DidList   Today's Date: _____ / _____ / _____

Today I Did the following:

1. _____

2. _____

3. _____

4. _____

5. _____

6. _____

7. _____

My Daily DidList   Today's Date: _____ / _____ / _____

Today I Did the following:

1. _____

2. _____

3. _____

4. _____

5. _____

6. _____

7. _____

My Daily DidList   Today's Date: _____ / _____ / _____

Today I Did the following:

1. _____

2. _____

3. _____

4. _____

5. _____

6. _____

7. _____

"Do what you can with all you have, wherever you are." – Theodore Roosevelt

Week 39 DidList   Today's Date: _____ / _____ / _____

This *week* I did the following:

1. _____
2. _____
3. _____
4. _____
5. _____
6. _____
7. _____
8. _____
9. _____
10. _____

My Daily DidList   Today's Date: _____ / _____ / _____

Today I Did the following:

1. _____

2. _____

3. _____

4. _____

5. _____

6. _____

7. _____

My Daily DidList   Today's Date: _____ / _____ / _____

Today I Did the following:

1. _____

2. _____

3. _____

4. _____

5. _____

6. _____

7. _____

My Daily DidList   Today's Date: ____ / ____ / ____

Today I Did the following:

1. _____

2. _____

3. _____

4. _____

5. _____

6. _____

7. _____

My Daily DidList   Today's Date: ____ / ____ / ____

Today I Did the following:

1. _____

2. _____

3. _____

4. _____

5. _____

6. _____

7. _____

My Daily DidList   Today's Date: _____ / _____ / _____

Today I Did the following:

1. _____

2. _____

3. _____

4. _____

5. _____

6. _____

7. _____

My Daily DidList   Today's Date: _____ / _____ / _____

Today I Did the following:

1. _____

2. _____

3. _____

4. _____

5. _____

6. _____

7. _____

My Daily DidList   Today's Date: ____ / ____ / ____

Today I Did the following:

1. _____

2. _____

3. _____

4. _____

5. _____

6. _____

7. _____

"Happiness is not by chance, but by choice."
– Jim Rohn

Week 40 DidList   Today's Date: ____ / ____ / ____

This *week* I did the following:

1. _____
2. _____
3. _____
4. _____
5. _____
6. _____
7. _____
8. _____
9. _____
10. _____

My Daily DidList   Today's Date: _____ / _____ / _____

Today I Did the following:

1. _____

2. _____

3. _____

4. _____

5. _____

6. _____

7. _____

My Daily DidList   Today's Date: _____ / _____ / _____

Today I Did the following:

1. _____

2. _____

3. _____

4. _____

5. _____

6. _____

7. _____

My Daily DidList   Today's Date: _____ / _____ / _____

Today I Did the following:

1. _____

2. _____

3. _____

4. _____

5. _____

6. _____

7. _____

My Daily DidList   Today's Date: _____ / _____ / _____

Today I Did the following:

1. _____

2. _____

3. _____

4. _____

5. _____

6. _____

7. _____

My Daily DidList   Today's Date: _____ / _____ / _____

Today I Did the following:

1. _____

2. _____

3. _____

4. _____

5. _____

6. _____

7. _____

My Daily DidList   Today's Date: _____ / _____ / _____

Today I Did the following:

1. _____

2. _____

3. _____

4. _____

5. _____

6. _____

7. _____

My Daily DidList   Today's Date: _____ / _____ / _____

Today I Did the following:

1. _____

2. _____

3. _____

4. _____

5. _____

6. _____

7. _____

"If you are working on something that you really care about, you don't have to be pushed. The vision pulls you."
– Steve Jobs

Week 41 DidList   Today's Date: _____ / _____ / _____

This *week* I did the following:

1. _____
2. _____
3. _____
4. _____
5. _____
6. _____
7. _____
8. _____
9. _____
10. _____

My Daily DidList   Today's Date: _____ / _____ / _____

Today I Did the following:

1. _____

2. _____

3. _____

4. _____

5. _____

6. _____

7. _____

My Daily DidList   Today's Date: _____ / _____ / _____

Today I Did the following:

1. _____

2. _____

3. _____

4. _____

5. _____

6. _____

7. _____

My Daily DidList   Today's Date: ____ / ____ / ____

Today I Did the following:

1. _____

2. _____

3. _____

4. _____

5. _____

6. _____

7. _____

My Daily DidList   Today's Date: ____ / ____ / ____

Today I Did the following:

1. _____

2. _____

3. _____

4. _____

5. _____

6. _____

7. _____

My Daily DidList   Today's Date: _____ / _____ / _____

Today I Did the following:

1. _____

2. _____

3. _____

4. _____

5. _____

6. _____

7. _____

My Daily DidList   Today's Date: _____ / _____ / _____

Today I Did the following:

1. _____

2. _____

3. _____

4. _____

5. _____

6. _____

7. _____

My Daily DidList   Today's Date: _____ / _____ / _____

Today I Did the following:

1. _____

2. _____

3. _____

4. _____

5. _____

6. _____

7. _____

"Talent wins games, but teamwork and intelligence win championships."
— Michael Jordan

Week 42 DidList   Today's Date: ____ / ____ / ____

This *week* I did the following:

1. _____
2. _____
3. _____
4. _____
5. _____
6. _____
7. _____
8. _____
9. _____
10. _____

My Daily DidList   Today's Date: _____ / _____ / _____

Today I Did the following:

1. _____

2. _____

3. _____

4. _____

5. _____

6. _____

7. _____

My Daily DidList   Today's Date: _____ / _____ / _____

Today I Did the following:

1. _____

2. _____

3. _____

4. _____

5. _____

6. _____

7. _____

My Daily DidList   Today's Date: _____ / _____ / _____

Today I Did the following:

1. _____

2. _____

3. _____

4. _____

5. _____

6. _____

7. _____

My Daily DidList   Today's Date: _____ / _____ / _____

Today I Did the following:

1. _____

2. _____

3. _____

4. _____

5. _____

6. _____

7. _____

My Daily DidList   Today's Date: _____ / _____ / _____

Today I Did the following:

1. _____
2. _____
3. _____
4. _____
5. _____
6. _____
7. _____

My Daily DidList   Today's Date: _____ / _____ / _____

Today I Did the following:

1. _____
2. _____
3. _____
4. _____
5. _____
6. _____
7. _____

My Daily DidList   Today's Date: _____ / _____ / _____

Today I Did the following:

1. _____

2. _____

3. _____

4. _____

5. _____

6. _____

7. _____

"People who are crazy enough to think they can change the world, are the ones who do."
- Rob Siltanen

Week 43 DidList   Today's Date: _____ / _____ / _____

This *week* I did the following:

1. _____
2. _____
3. _____
4. _____
5. _____
6. _____
7. _____
8. _____
9. _____
10. _____

My Daily DidList   Today's Date: ____ / ____ / ____

Today I Did the following:

1. _____
2. _____
3. _____
4. _____
5. _____
6. _____
7. _____

My Daily DidList   Today's Date: ____ / ____ / ____

Today I Did the following:

1. _____
2. _____
3. _____
4. _____
5. _____
6. _____
7. _____

My Daily DidList   Today's Date: _____ / _____ / _____

Today I Did the following:

1. _____

2. _____

3. _____

4. _____

5. _____

6. _____

7. _____

My Daily DidList   Today's Date: _____ / _____ / _____

Today I Did the following:

1. _____

2. _____

3. _____

4. _____

5. _____

6. _____

7. _____

My Daily DidList   Today's Date: _____ / _____ / _____

Today I Did the following:

1. _____

2. _____

3. _____

4. _____

5. _____

6. _____

7. _____

My Daily DidList   Today's Date: _____ / _____ / _____

Today I Did the following:

1. _____

2. _____

3. _____

4. _____

5. _____

6. _____

7. _____

My Daily DidList   Today's Date: _____ / _____ / _____

Today I Did the following:

1. _____

2. _____

3. _____

4. _____

5. _____

6. _____

7. _____

"Be the change that you wish to see in the world."
- Mahatma Ghandi

Week 44 DidList   Today's Date: ____ / ____ / ____

This *week* I did the following:

1. _____
2. _____
3. _____
4. _____
5. _____
6. _____
7. _____
8. _____
9. _____
10. _____

My Daily DidList   Today's Date: _____ / _____ / _____

Today I Did the following:

1. _____

2. _____

3. _____

4. _____

5. _____

6. _____

7. _____

My Daily DidList   Today's Date: _____ / _____ / _____

Today I Did the following:

1. _____

2. _____

3. _____

4. _____

5. _____

6. _____

7. _____

My Daily DidList   Today's Date: _____ / _____ / _____

Today I Did the following:

1. _____

2. _____

3. _____

4. _____

5. _____

6. _____

7. _____

My Daily DidList   Today's Date: _____ / _____ / _____

Today I Did the following:

1. _____

2. _____

3. _____

4. _____

5. _____

6. _____

7. _____

My Daily DidList   Today's Date: _____ / _____ / _____

Today I Did the following:

1. _____

2. _____

3. _____

4. _____

5. _____

6. _____

7. _____

My Daily DidList   Today's Date: _____ / _____ / _____

Today I Did the following:

1. _____

2. _____

3. _____

4. _____

5. _____

6. _____

7. _____

My Daily DidList   Today's Date: _____ / _____ / _____

Today I Did the following:

1. _____

2. _____

3. _____

4. _____

5. _____

6. _____

7. _____

"Someone is sitting in the shade today because someone planted a tree a long time ago."
– Warren Buffet

Week 45 DidList   Today's Date: _____ / _____ / _____

This *week* I did the following:

1. _____
2. _____
3. _____
4. _____
5. _____
6. _____
7. _____
8. _____
9. _____
10. _____

My Daily DidList   Today's Date: ____ / ____ / ____

Today I Did the following:

1. _____

2. _____

3. _____

4. _____

5. _____

6. _____

7. _____

My Daily DidList   Today's Date: ____ / ____ / ____

Today I Did the following:

1. _____

2. _____

3. _____

4. _____

5. _____

6. _____

7. _____

My Daily DidList   Today's Date: _____ / _____ / _____

Today I Did the following:

1. _____

2. _____

3. _____

4. _____

5. _____

6. _____

7. _____

My Daily DidList   Today's Date: _____ / _____ / _____

Today I Did the following:

1. _____

2. _____

3. _____

4. _____

5. _____

6. _____

7. _____

My Daily DidList Today's Date: _____ / _____ / _____

Today I Did the following:

1. _____
2. _____
3. _____
4. _____
5. _____
6. _____
7. _____

My Daily DidList Today's Date: _____ / _____ / _____

Today I Did the following:

1. _____
2. _____
3. _____
4. _____
5. _____
6. _____
7. _____

My Daily DidList   Today's Date: ____ / ____ / ____

Today I Did the following:

1. _____

2. _____

3. _____

4. _____

5. _____

6. _____

7. _____

"We must be willing to let go of the life we planned
so as to have the life that is waiting for us."
– Joseph Campbell

Week 46 DidList Today's Date: ____ / ____ / ____

This *week* I did the following:

1. _____

2. _____

3. _____

4. _____

5. _____

6. _____

7. _____

8. _____

9. _____

10. _____

My Daily DidList   Today's Date: ____ / ____ / ____

Today I Did the following:

1. _____
2. _____
3. _____
4. _____
5. _____
6. _____
7. _____

My Daily DidList   Today's Date: ____ / ____ / ____

Today I Did the following:

1. _____
2. _____
3. _____
4. _____
5. _____
6. _____
7. _____

My Daily DidList   Today's Date: _____ / _____ / _____

Today I Did the following:

1. _____
2. _____
3. _____
4. _____
5. _____
6. _____
7. _____

My Daily DidList   Today's Date: _____ / _____ / _____

Today I Did the following:

1. _____
2. _____
3. _____
4. _____
5. _____
6. _____
7. _____

My Daily DidList   Today's Date: _____ / _____ / _____

Today I Did the following:

1. _____

2. _____

3. _____

4. _____

5. _____

6. _____

7. _____

My Daily DidList   Today's Date: _____ / _____ / _____

Today I Did the following:

1. _____

2. _____

3. _____

4. _____

5. _____

6. _____

7. _____

My Daily DidList   Today's Date: ____ / ____ / ____

Today I Did the following:

1. _____

2. _____

3. _____

4. _____

5. _____

6. _____

7. _____

"Never limit yourself because of others' limited imagination; never limit others because of your own limited imagination."
– Mae Jemison

Week 47 DidList   Today's Date: ____ / ____ / ____

This *week* I did the following:

1. _____
2. _____
3. _____
4. _____
5. _____
6. _____
7. _____
8. _____
9. _____
10. _____

My Daily DidList   Today's Date: _____ / _____ / _____

Today I Did the following:

1. _____

2. _____

3. _____

4. _____

5. _____

6. _____

7. _____

My Daily DidList   Today's Date: _____ / _____ / _____

Today I Did the following:

1. _____

2. _____

3. _____

4. _____

5. _____

6. _____

7. _____

My Daily DidList   Today's Date: _____ / _____ / _____

Today I Did the following:

1. _____

2. _____

3. _____

4. _____

5. _____

6. _____

7. _____

My Daily DidList   Today's Date: _____ / _____ / _____

Today I Did the following:

1. _____

2. _____

3. _____

4. _____

5. _____

6. _____

7. _____

My Daily DidList   Today's Date: ____ / ____ / ____

Today I Did the following:

1. _____

2. _____

3. _____

4. _____

5. _____

6. _____

7. _____

My Daily DidList   Today's Date: ____ / ____ / ____

Today I Did the following:

1. _____

2. _____

3. _____

4. _____

5. _____

6. _____

7. _____

My Daily DidList   Today's Date: _____ / _____ / _____

Today I Did the following:

1. _____

2. _____

3. _____

4. _____

5. _____

6. _____

7. _____

"Darkness cannot drive out darkness; only light can do that. Hate cannot drive out hate; only love can do that."
– Martin Luther King, Jr.

Week 48 DidList   Today's Date: _____ / _____ / _____

This *week* I did the following:

1. _____
2. _____
3. _____
4. _____
5. _____
6. _____
7. _____
8. _____
9. _____
10. _____

My Daily DidList Today's Date: ____ / ____ / ____

Today I Did the following:

1. _____

2. _____

3. _____

4. _____

5. _____

6. _____

7. _____

My Daily DidList Today's Date: ____ / ____ / ____

Today I Did the following:

1. _____

2. _____

3. _____

4. _____

5. _____

6. _____

7. _____

My Daily DidList   Today's Date: _____ / _____ / _____

Today I Did the following:

1. _____
2. _____
3. _____
4. _____
5. _____
6. _____
7. _____

My Daily DidList   Today's Date: _____ / _____ / _____

Today I Did the following:

1. _____
2. _____
3. _____
4. _____
5. _____
6. _____
7. _____

My Daily DidList   Today's Date: ____ / ____ / ____

Today I Did the following:

1. _____

2. _____

3. _____

4. _____

5. _____

6. _____

7. _____

My Daily DidList   Today's Date: ____ / ____ / ____

Today I Did the following:

1. _____

2. _____

3. _____

4. _____

5. _____

6. _____

7. _____

My Daily DidList   Today's Date: _____ / _____ / _____

Today I Did the following:

1. _____

2. _____

3. _____

4. _____

5. _____

6. _____

7. _____

"Success is not final, failure is not fatal: it is the courage to continue that counts."
- Winston Churchill

Week 49 DidList   Today's Date: _____ / _____ / _____

This *week* I did the following:

1. _____
2. _____
3. _____
4. _____
5. _____
6. _____
7. _____
8. _____
9. _____
10. _____

My Daily DidList   Today's Date: ____ / ____ / ____

Today I Did the following:

1. _____
2. _____
3. _____
4. _____
5. _____
6. _____
7. _____

My Daily DidList   Today's Date: ____ / ____ / ____

Today I Did the following:

1. _____
2. _____
3. _____
4. _____
5. _____
6. _____
7. _____

My Daily DidList   Today's Date: _____ / _____ / _____

Today I Did the following:

1. _____

2. _____

3. _____

4. _____

5. _____

6. _____

7. _____

My Daily DidList   Today's Date: _____ / _____ / _____

Today I Did the following:

1. _____

2. _____

3. _____

4. _____

5. _____

6. _____

7. _____

My Daily DidList Today's Date: _____ / _____ / _____

Today I Did the following:

1. _____
2. _____
3. _____
4. _____
5. _____
6. _____
7. _____

My Daily DidList Today's Date: _____ / _____ / _____

Today I Did the following:

1. _____
2. _____
3. _____
4. _____
5. _____
6. _____
7. _____

My Daily DidList   Today's Date: ____ / ____ / ____

Today I Did the following:

1. _____

2. _____

3. _____

4. _____

5. _____

6. _____

7. _____

"Opportunity is missed by most people because it is dressed in overalls and looks like work. There is no substitute for hard work."
– Thomas Edison

Week 50 DidList   Today's Date: ____ / ____ / ____

This *week* I did the following:

1. _____
2. _____
3. _____
4. _____
5. _____
6. _____
7. _____
8. _____
9. _____
10. _____

My Daily DidList   Today's Date: _____ / _____ / _____

Today I Did the following:

1. _____
2. _____
3. _____
4. _____
5. _____
6. _____
7. _____

My Daily DidList   Today's Date: _____ / _____ / _____

Today I Did the following:

1. _____
2. _____
3. _____
4. _____
5. _____
6. _____
7. _____

My Daily DidList   Today's Date: _____ / _____ / _____

Today I Did the following:

1. _____

2. _____

3. _____

4. _____

5. _____

6. _____

7. _____

My Daily DidList   Today's Date: _____ / _____ / _____

Today I Did the following:

1. _____

2. _____

3. _____

4. _____

5. _____

6. _____

7. _____

My Daily DidList Today's Date: _____ / _____ / _____

Today I Did the following:

1. _____
2. _____
3. _____
4. _____
5. _____
6. _____
7. _____

My Daily DidList Today's Date: _____ / _____ / _____

Today I Did the following:

1. _____
2. _____
3. _____
4. _____
5. _____
6. _____
7. _____

My Daily DidList   Today's Date: ____ / ____ / ____

Today I Did the following:

1. _____

2. _____

3. _____

4. _____

5. _____

6. _____

7. _____

"If I cannot do great things, I can do small things in a great way."
– Martin Luther King, Jr.

Week 51 DidList   Today's Date: _____ / _____ / _____

This *week* I did the following:

1. _____
2. _____
3. _____
4. _____
5. _____
6. _____
7. _____
8. _____
9. _____
10. _____

My Daily DidList   Today's Date: _____ / _____ / _____

Today I Did the following:

1. _____

2. _____

3. _____

4. _____

5. _____

6. _____

7. _____

My Daily DidList   Today's Date: _____ / _____ / _____

Today I Did the following:

1. _____

2. _____

3. _____

4. _____

5. _____

6. _____

7. _____

My Daily DidList   Today's Date: _____ / _____ / _____

Today I Did the following:

1. _____

2. _____

3. _____

4. _____

5. _____

6. _____

7. _____

My Daily DidList   Today's Date: _____ / _____ / _____

Today I Did the following:

1. _____

2. _____

3. _____

4. _____

5. _____

6. _____

7. _____

My Daily DidList   Today's Date: _____ / _____ / _____

Today I Did the following:

1. _____
2. _____
3. _____
4. _____
5. _____
6. _____
7. _____

My Daily DidList   Today's Date: _____ / _____ / _____

Today I Did the following:

1. _____
2. _____
3. _____
4. _____
5. _____
6. _____
7. _____

My Daily DidList   Today's Date: _____ / _____ / _____

Today I Did the following:

1. _____

2. _____

3. _____

4. _____

5. _____

6. _____

7. _____

"The Universe will create whatever you most
CLEARLY tell it to create."
- Erik Quisling (from *Effortless*)

Week 52 DidList   Today's Date: ____ / ____ / ____

This *week* I did the following:

1. _____
2. _____
3. _____
4. _____
5. _____
6. _____
7. _____
8. _____
9. _____
10. _____

My Daily DidList   Today's Date: _____ / _____ / _____

Today I Did the following:

1. _____

2. _____

3. _____

4. _____

5. _____

6. _____

7. _____

My Daily DidList   Today's Date: _____ / _____ / _____

Today I Did the following:

1. _____

2. _____

3. _____

4. _____

5. _____

6. _____

7. _____

My Daily DidList   Today's Date: ____ / ____ / ____

Today I Did the following:

1. _____

2. _____

3. _____

4. _____

5. _____

6. _____

7. _____

My Daily DidList   Today's Date: ____ / ____ / ____

Today I Did the following:

1. _____

2. _____

3. _____

4. _____

5. _____

6. _____

7. _____

My Daily DidList   Today's Date: _____ / _____ / _____

Today I Did the following:

1. _____

2. _____

3. _____

4. _____

5. _____

6. _____

7. _____

★★ CONGRATULATIONS!!! ★★

You have completed 1 full year of DidLists!!!

Please visit MyDidLists.com for updates, cartoons, music, and more!

www.ingramcontent.com/pod-product-compliance
Lightning Source LLC
Chambersburg PA
CBHW081441070526
44586CB00019B/2194